読むだけで
どんどん良くなる
最新版 うまくいく

斎藤一人 ツキを呼ぶセラピー

斎藤一人
Saito Hitori

ロング新書

はじめに

私の本をまた出版してくれることになりました。
それもこれも、大勢の読者の方々が根強く応援してくれるたまものだと思っています。
どの本にも、完成するまでには自分しかわからない思い入れがあるものです。
私の思いが皆様に少しでも通じて、
役に立っていただければこのうえない喜びです。

斎藤一人

CONTENTS

●本文イラスト／仲野みゆき

「ついてる」と言うだけで
幸運波動がやってくる

人は波動を感知しながら生きている。言葉の波動を口に出して伝達する

人はそれぞれ波動を出しています。そして、たがいにその波動をそれとなく感知しながら生きています。

波動には二種類あります。

一つは、考え方から出るムードやふんい気の波動。

同じような思い、考えを持っている人同士が、その波動を好んで集まるんですね。

二つ目は、言葉の波動です。

言葉を口に出して伝達すると、同じ波動を持った人同士が吸い寄せられて集まってきます。

波動が同じ人とは、波長が合うとも言いますが、一緒にいても居心地よく過ごせるし、仕事などもうまくいきますよ。

「言霊」のエネルギーをフル活用すれば、運に勢いがつく

言葉は「言霊」というエネルギーを持っています。
そのエネルギーは、波動となって伝達されます。
そのエネルギーを使うか使わないかによって
人生に大きな違いが出てきます。
幸せになりたいとだれもが願っているでしょう。
それを達成するために、言霊をフルに活用することです。
どんなときでも、「ついてる」という言葉を言いましょう。
それが運に勢いをつける一番いい方法です。
「ついてる」と言うだけですから、簡単でしょう?

「ついてる」と言うだけで、幸運波動がやってくるから、自然にハッピーになる

「ついてる。ついてる」と言ってると、実際に「ついてる」ことがどんどん起きてきます。

なぜなら「ついてる」と言えば、幸運の波動がやってくるから、あなたの周りは「ついてる」ことでいっぱい。

いつも「ついてる」という言葉を口にしていると、知らない間にとてもハッピーになっているから不思議。

だって、本当に「ついてる」ことばかりに包まれるから、自然にハッピーになるんです。

ただ、「ついてる」と言っているだけ。

「ついてない」と言っていれば、不運の波動が押し寄せてきます

逆に、いつも「ついてない」と言っていれば、不運の波動を呼んでしまいます。

あなたの周りに「ついてない」ことが押し寄せてきて、病気になったり、破産したり。

よく、病気になったのは、ストレスが多いからだと言いますが、そうではなくてついていないからなんです。

ストレスが多くても病気と無縁の人はたくさんいます。

出会う人すべてに、愛ある言葉を話しましょう。
愛ある言葉とは、人を喜ばせる言葉のこと。
人がイヤがる言葉を言わない。
人の喜ぶことを言うのが人の道です。
それだけで、絶対に幸せになれるんです。

まず、人が喜ぶことを言葉に出す。心はあとからついてくるもの

心にもないことを言うのはダメという人もいるけれど、そうじゃないんです。
心のなかで思っていても、考えていても、行動に出さなければなんにもなりません。
あなたはいつまで経っても変わらないでしょ。
だから、先に言葉に出せばいいんです。
心はあとからついてきますよ。

スリに遭って今月の食費がなくなっても、「想像できないくらい、ついてる」と言うんです

買物をしに行って、お金を支払おうと思ったら、財布がない。さっき買物袋のなかを確かめたばかりだから、きっと、スリに遭ったに違いない。

そんなとき、

「ああ、今月の食費がなくなっちゃった。どうしよう。ついてないなあ」

と言う代わりに、ついてる言葉を言うんです。

「命までなくさなくてよかった。ついてる。ついてる」

本当に困ったときこそ、言うんです。

「私ってついてる。想像できないくらいついてる」

これが「ついてる」のトレーニング法。

感謝している人には、
いいことばかり起きます

「ついてる」は感謝の言葉。それが言えないのは、感謝の気持ちが足りないから

「ついてる」と言うのは、幸せに生きるための第一歩。
「ついてる」とは感謝の言葉。それが言えないのは、どんなことに対しても感謝の気持ちが足りないから。

今日、生きていられることが感謝だし、「よかった！　よかった！」なんです。
感謝の言葉をつづけると、天の声が聞こえてきます。
その声こそ、あなたを幸せに導いてくれる最高の声です。

いつも感謝を忘れないことです。

感謝を口に出して言うと、また感謝したくなるようなことがつづけて起こるの。それで、また感謝する。

だから、感謝している人には、いいことばかり起きます。

グチや不平不満ばかり言っている人は、感謝の心のない人。

そういうのを「魔寄せ」と言います。

魔を寄せつける人には、つきがありません。

ついてないときでも、ついてると言うトレーニング

あなたが自転車で道路を走っているとき、石ころにつまずいて転んで路肩に投げ出されてしまった。

脚は痛いし、ヒザがすりむけて血が出ている。

そんなときは、「痛いなあ。ついてないなあ」とつい、口から出てしまいますよね。

でも、ついてる人ならこう言っちゃいます。

「骨が折れなくてよかった。ついてる。ついてる」

心のなかでついてないと思ってもいいんです。

ついてないときでも、ついてると言うトレーニング。

「ついてないなあ」と言いたいのを、ぐっと飲み込む

夏の日中、車を木陰に停めて用事を済ませて帰ってみると、バンパーにもサイドミラーにも、鳥のフンがいっぱい。

「なに？　これ。ついてないなあ」

と言いたいのを、ぐっと飲み込む。その代わりに言う言葉があなたのツキを呼んでくれます。

「ああ、小鳥のフンでよかった。石でも落ちてきたら大変だった。ついてる。ついてる」

どんなときでも「ついてる」だけ。

「ついてる」は、幸せを呼ぶ言葉

朝起きて、体調がすぐれないときもあるでしょう。

頭痛がするとか、胃が重いとかと感じて、会社に行くのがおっくうだなとため息をつきたくなる。

だったら、ため息を思う存分つけばいいんです。

ただ、そのあとですぐに、「ついてる」と必ず言う。

何度かそれを言っているうちに、ついてる波動に変わります。

体調も回復するし、仕事をするのもおっくうでなくなります。

きっと、心も体も軽くなっていますよ。

「ついてる」は心を軽くする言葉なんです。

否定的なことは、絶対に口には出さない。言えばそれが現実になってしまうから

否定的なことは、考えてもいいけれどね。

でも、口には絶対に出さない。

もともと人間には自衛本能があるから、どうしても否定的なことを考えがちなものなんです。

考えても言わない。口に出してしまったら、否定的なことが現実になって、それを呼び込んでしまうから。

いつも楽しいことだけ考えるんです。

まず、できるだけ物事を否定的に考えないこと。

否定的なことを絶対に口に出さない。

そして、前に進んでいくんです。

お経のように「ついてる」と唱えていると、想像もつかない最高の出来事が起こってきます

ついてないときこそ、「ついてる」って言う。

そんなときでも、「ついてる」と口に出して言う訓練が大事なんです。

お経のように「ついてる」と唱えていると、頭が勝手についてる理由を探すように働いてくれる。

すると、想像もできないぐらい最高の出来事が起こってきますから、ダマされたと思ってやってみてくださいね。

「ついてる」「嬉しい」「楽しい」「感謝してます」「幸せ」「有難う」「許します」と、どんどん口から出そう

奇跡を呼ぶ「天国言葉」は、すごく簡単。あなたも、今からすぐ言ってみてください。心で本当に思っていなくても、いいんです。言霊となって神さまに伝達されますよ。

「ついてる」
「嬉しい」
「楽しい」
「感謝してます」
「幸せ」
「有難う」
「許します」

どんどん口から出してくださいね。あなたはその時点から、ついてる人です。

なぜか昔から「ついてる」が口癖で、無意識にそれを言っていたら、いつの間にか、ツキが舞い込んできました

私は、本当についてる人間なだけなんです。

なぜついてるかというと、昔から「ついてる」が口癖だったから。

なぜ「ついてる」という口癖になったかと聞かれても、そんなことわかりません。

無意識のうちにその言葉を口にしてきたら、いつの間にか、ツキがどんどん舞い込んできました。

そして現在に至るわけです。

ついてない人は、ただ、自分はついてないと思っているだけ。

ついてる人との違いは、たったそれだけです。

困っていない人には、困ったことは起こらない

「ついてる」は、魔法の言葉。困ったことは起こらない

本当に「ついてる」という言葉は魔法の言葉。

困ったことが起こらなくなります。

どんなときでも、どんなことにも、私には「困った」ことが起こらないから不思議でしょう?

中学校のときに、「方程式が解けないと将来困るよ」と先生に言われたけど、いまだに一度も困ったことはない。

「計算が不得手だと困るよ」と周りの人に言われたけど、今では億という数字も計算機がすべてやってくれます。

困っていない人には、困ったことが起きないんです。

あなたが幸せなら、周りの人のおかげ。会う人すべてに「感謝してます」と言う

今、あなたが幸せだとしたら、それは周りの人のおかげです。
情報だって、友だちだって、なにもかもみんな周りからやってくるもの。
だから、会う人すべてに「感謝してます」と言う。
そして、全然知らない人にも、
「あなたに、すべてのよきことが雪崩のごとく起きます」
と祈ればいい。
すると、あなたにも、何かいいことがきっと起こってきますよ。

見知らぬ人であっても、ほめるクセをつける。利害関係のある人をほめるのは最後にしてね

✽✽✽✽✽✽✽✽✽✽✽✽✽✽✽✽✽✽✽✽✽✽✽✽✽

人をほめるクセをつけるようにしましょう。

だれでも、自分のことをほめてほしいもの。

でも、普通の人がほめてもらうのは本当に大変なことなんです。

だから、利害関係のまったくない人でもほめるんです。

もう二度とくることのないコーヒーショップのマスターにも、「コーヒーおいしかった」とひとことほめる。

利害関係のある人ばかりほめるのは、おべっか使いと思われるし、そう思われてしまったら、終わりです。

利害関係のある人をほめるのは最後でいいの。

人をほめると、自分の気持ちがよくなります。

もちろん、相手もいい気分。

周りの人が全部喜べば、みんな幸せ。幸せの輪はどんどん広がっていく

あなたが、「幸せ」と言うと、神さまが喜びます。
「あなたと友だちになれて幸せ」と言うと、友だちが喜びます。
「あなたと一緒になれて幸せ」と言うと、ご主人が喜びます。
「あなたのような子どもがいて幸せ」と言うと、子どもが喜びます。
周りの人が全部喜べば、みんな幸せ。
幸せの輪はどんどん広がっていきます。

どうにもならない悩みは、時間が解決してくれるのを待つだけ

どうにかできることは悩みじゃないんです。

どうにもならない悩みは、すべて時間が解決してくれます。時計が秒針を刻むごとに、その悩みは消えていって、いつの間にか悩みはなくなっています。

「ついてる。ついてる」と言って、時間が経つのを待っているだけ。

時を敵に回さずに味方につけるんです。

どんな悩みであっても時間が解決してくれることを信じないと、オロオロしてしまうのです。

パニックになりそうだったら、「大丈夫！　大丈夫！」と言いつづけましょう

自信を喪失して、突然、パニックになりそうだったら、「大丈夫！　大丈夫！」と、ずっと言いつづけましょう。

すると、なんだか冷静になってきます。ふっと一息つく。それから、おもむろにじっくり問題に対処していけば、本当に「大丈夫！」になります。

大丈夫なんです。人生そんなにあせることはないんです。

パニックなんか、スッとどこかに消えていますよ。

いいことをプラスしていけば、人間はどこまでも魅力的になれます

いいことをプラスしていけば、それが魅力になる。だから、人間はどこまでも魅力的になれるんです。

一番簡単に魅力的になれるのは、言葉です。

自分が発している言葉が魅力的かどうかということ。

不景気な世の中だから、それを「不景気だ」と連発してみても、ちっとも魅力的な言葉ではないの。

「不景気だって繁盛している店もあるんだから、顔晴らなくちゃね」と言うほうが魅力的なんです（私たちは「頑張る」を〝顔が晴れる〟「顔晴る」と書きます）。

魅力的な言葉を言っていると、魅力の貯金がどんどん貯まっていきます。

魅力がないのは
引力がないのと同じ。
だれも人は集まって
こない

☆☆☆☆☆☆☆☆☆☆☆☆☆☆☆☆☆☆☆☆☆☆☆☆☆

いいことばかりしていれば、魅力的になります。
魅力がないのは、引力がないのと同じだから、
だれも人は集まってきません。
人はなにかに引きつけられてやってくるんです。

いつだって魅力的なことをやっている人が、魅力の貯金ができるんです。
それにはテクニックなどなんにもないの。
ただ、もっと自分の魅力を高めていくだけ。

「人生の岐路」とは、あなたが出会うすべての人のこと

よく、「人生の岐路」と言いますね。

受験に失敗したとか、入社試験に落ちたとかが、「人生の岐路」だと勘違いしている人がいるけど、そうじゃなくて、「人生の岐路」とは別のところにあるんです。

本当の「人生の岐路」は、毎日、毎日、あなたが出会う人なんです。

出会う人出会う人に、愛のある笑顔で愛のある言葉を話すこと。実は、それが「人生の岐路」。

だから、あなたが出会うすべての人に感謝して、「ついてる」と言いつづけましょう。

あなたがついてる波動になれば、仕事はうまくいくし、健康になるし、すべてのことがうまくいきますよ。

すごい生き方なんか必要ないの

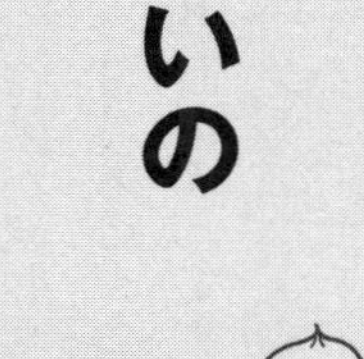

考え方を変えれば、言動が変わる。体の反応も変わってくる

考え方は、現実の言動に影響を及ぼします。
考え方を変えれば、言動が変わります。
体の反応まで変わってくるのがわかるでしょ。
それがさまざまな場面に表れてきて、よい連鎖反応が起きてくる。
つまり、考え方を変えるということは、生き方そのものが変わるということです。

「自分を許します」と言ってみてください。心のコリが取れて人を許せるようになります

もし、あなたにどうしても許せない人がいたら、こう言ってみてください。

「あの人を許せない自分を許します」と。

自分を許せない人なんかいないと思っていませんか？

ところが、ほとんどの人は、自分を許せないんです。

たとえば、いじめられても反撃できない自分が許せない。

言われ放題で、じっとうつむいていた自分が許せない。

さあ、許せない自分の心のコリを取ってしまいましょう。

その方法は簡単です。

「自分を許します」と言ってみるだけ。
心のコリを取るには、まず、自分を許すことから。
すると、いつしか人をも許せるようになります。

すごい生き方を
しなくたっていい。
余分なものを持っても
荷物になるだけ

☆☆☆☆☆☆☆☆☆☆☆☆☆☆☆☆☆☆☆☆☆☆☆☆☆

地位や名誉って、日常的に何か役に立つの？

それは基本的に威張りたいからなんじゃないの？

すごいと思われたいこと自体、すごくないの。

すごい生き方をしなくたっていいじゃない？

なんで人にすごいと思われなくちゃいけないの？

人間、必要な分だけ持っていればいいのであって、必要じゃない余分なものを持っても荷物になるだけ。

すごい必要なんかないの。

病気で入院している人でも、「幸せだなあ。まだ、生きているんだから」と思える人は、ずっと幸せ

自分が幸せかどうかというのは、その人の考え方次第。

どう思うか、どう考えるかによって、人生がまったく違ったものになるのです。

たとえば、病気で入院している人でも、

「この病気が治ったら退院できる。世の中には自分より若くて亡くなってしまった人もいるのに……。幸せだなあ。まだ、生きていられるんだから」

と考えられる人が、早く治ります。

現在、生きていることを幸せだと思える人は、これからもずっと幸せに生きられます。

あなたがツイていて幸せならば、人を幸せにすることができて、そのツキも幸せも倍になります

✤✤✤✤✤✤✤✤✤✤✤✤✤✤✤✤✤✤✤✤✤✤✤✤✤

あなたが不幸ならば、他の人を幸せにしてあげることはできません。

あなたが幸せならば、人を幸せにすることができて、その幸せは倍になります。

あなたが幸せで楽しさいっぱいでいたら、みんな集まってきて、そこに集まる人々も幸せになります。

みんながイキイキした表情になるんです。

あなたの心が豊かになると、周りのみんなの心も豊かになっていきます。

人間は人になにかを与えることを義務づけられているのですよ。

うまく物事が
いかなくても
自分を責めない、
人も責めない、
結果を怖れない

☆☆☆☆☆☆☆☆☆☆☆☆☆☆☆☆☆☆☆☆☆☆☆☆☆

完璧主義者はダメ。

不完璧主義者のほうがいい。

なぜって、不完璧主義者は多少の失敗があっても、うまくいったところだけ見て、それを喜んでほめるから。

不完璧主義者は、自分に対しても、人に対しても、うまく物事がいかなかったからといって責めたりなんかしないし、結果を怖れるようなこともないんです。

結果を怖れないから、どんなことにものびのびと積極的に挑戦していけます。

すると、トラブルも起きにくくなってくるんです。

完璧でなければ我慢できない人や失敗をいつまでも悔やむ人に、ツキはないんです

ツキを呼ぶためにはコツがあります。
それは、完璧主義者にならないこと。
もともと人間は不完全なもの。
もともと完璧に物事ができるはずなんかないの。
完璧主義者とは、完璧にできなかったことで自分を責めたり、人を責めたりする人。
完璧でないことに、我慢のならない人です。
失敗を、いつまでも悔やむ人です。
こんな人は、だれにもきらわれます。
人にきらわれたら、いつまでたっても、ツキはないんです。

イヤなことは、いいことが起こる前触れ

失敗は小さな成功だから、それを積み重ねれば大きな成功になる

うまくいかなくても、それを失敗したと思っちゃダメです。それを失敗じゃなくて成功だと考える。

なぜって、失敗は大失敗の母だし、失敗は小さな成功だから。

この考え方がツキを呼びます。

考え方を転換すればいい。一回失敗しても、それを失敗ととらえずに、これではダメだということがわかったという、小さな成功だと考えるだけ。

それを土台にして次の段階へと挑戦していくだけ。

次の成功を期待して楽しみながら、何度も何度も小さい成功を繰り返していく。小さな成功を貯金していけば、いずれ大きな成功になります。

この世はシンプルにできています。その意味をしっかり理解できれば、ツキばかり

私は子供のときから、この世はシンプルにできていると、だれに対しても話してきました。

この考えは、私のなかでは空気のように自然な存在で、すっかり身についてしまっています。

でも、「この世がシンプルなんて……」と、反論しないまでも首を傾げる人がほとんどです。

きっと、謎めいた言葉だと思うのでしょう。

きちんと理解している人は、ごく一部の人だけかもしれません。

でも、彼らの人生は、ツキばかりです。

すべて物事は順番に起こるものです。

今、イヤなことが起こってイヤな気分になったら、次はいいことが起こり、いい気分になる。

だから、イヤなことが起こったら、今度はいいことが起こると思うようにすればいいんです。

イヤなことは、いいことが起こる前触れなんですから。

自分を好きな人、愛する人は、自分を追い詰めたりしないし、人を追い詰めたりしません

あなたは自分のことが好きですか。

自分が好きだというのが一番大事なこと。

自分がきらいと思っている人は、どうなってもかまわないとやけっぱちになりがちです。

だから、まず、自分を好きになることです。

自分を追い詰めてはダメ。自分を好きな人は、自分を愛している人。

自分を追い詰めるようなこともしないし、人を追い詰めたりしません。

自分のことをきらわれる状態に置きません。

困ったときこそ、飛躍へのチャンス。ツキを呼び込むチャンス到来

世の中の人だれもが「困った、困った」と思っていることであっても、私にはまったく困っていないことが多い。

みんなが困っていても、私にとってはそれが願ってもない贈り物なんです。

困ったことが逆に、神さまのプレゼントになったことが、これまで幾度もありました。

だって、困ったときこそ、飛躍へのチャンスですから。

ツキを呼び込むチャンス到来なんです。

人はだれでも試練に立ち向かえる。試練をクリアーして成長していく

試練とは、心を試して、練り上げるということ。

試練をクリアーして成長し、人生がさらに素晴らしくなるために必要な、チェックポイントなんです。

人間はだれでも試練に立ち向かえるようにできています。

なぜって、試練は生まれてくる前に、自分自身が決めた青写真のなかに組み込まれていることだから。

試練は自分が決めたことなんです。それを自分がこの世で実際に体験しているに過ぎないんですよ。

波動がステップアップすると、行動が変わり、考え方が変わる。考え方のフイルムが替わるから

波動がステップアップすると、あなた自身が変わっていきます。たとえば、いままでの友だちと合わなくなります。

「変わったね」と言って、過去の友だちは去っていってしまいますが、それは波動がステップアップするための通過点。

安心していていいのです。

むしろ、「シメタ！」と思えばいいの。

「変わった」と言われたら、「シメタ！」です。

その時期が過ぎると、あなたの行動も変わります。

行動が変わると、考え方が変わります。

私はこのことを、「考え方のフイルムを替える」と言っています。

「どっちの道が正しいか」で決めちゃいけない、「どちらが楽しいか」で決めるんです

右か左かどちらの道を進むか決めなきゃならないとき、「どっちの道が正しいか」で決めちゃいけないの。

「どちらが楽しいか」で決めるんです。

どっちの道を選んでも、うまくいくものはいく。

うまくいかないものはいかない。

成功するには、どちらを選んでも同じだけの苦労をして、器量を磨いていくものなんです。

だったら、楽しい道を選んだほうがいいでしょ。

いいアイデアは教え合えば、
みんながついてる人になる

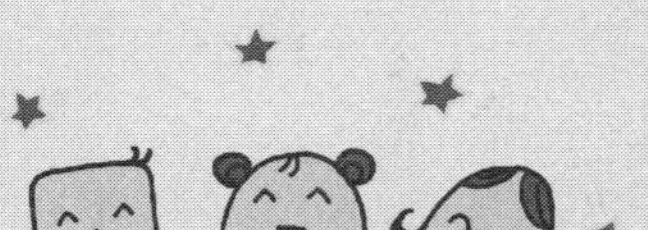

頭は使うほど回転がよくなる。いいアイデアはみんなに教えて高めていく

頭は一生懸命使えば使うほど、回転がもっとよくなる。

それは、手でも足でも同じです。

頭を使わないと、ボーッとしていいアイデアなんか生まれてこない。

いいアイデアが出てきたら、ひとりじめにしないで、みんなで教え合って高めていく。

教え合えば、もっと素晴らしいアイデアにふくらんできて、周りのみんながついてる人になるのです。

「いいところ」を下から積み上げていけば、気づいてみたら大きな財産になっています

人間はみな、どこか「いいところ」を持っているから、それを伸ばしていけばいい。

自分が欠点だと思っていることが、人から見ると意外に素晴らしい長所だったりすることがあるでしょ。

まず、自分の持っている「いいところ」に気づくこと。

その「いいところ」を、一番下から少しずつ積み上げていくの。

それをたゆまずやっていけば、気づいてみたら大きな大きなあなたの財産になっています。

鏡を見て笑顔のチェックがツキを呼ぶ。口の両端を上げて筋肉を持ち上げよう

笑顔でいる習慣づけをしましょう。

笑顔は心を明るくしてくれるし、ツキを呼ぶ一番のカギになります。

いつでも鏡を見られるように、家庭ではもちろん、オフィスのデスクや電話の前にも鏡を置いておき、笑顔のチェックをしましょう。

電話をしているときに、怖い顔をしていませんか？

気づいたら、すぐに笑顔に戻してください。

笑顔の筋肉はトレーニング次第で鍛えられるもの。

口の両端を上げて頬の筋肉を持ち上げる。

意識して筋肉を動かして笑顔をつくると、その情報が脳に伝わって楽しくなり、性格まで明るく改造されます。

道端に咲いている小さなタンポポを目に止めて、
「かわいいな」と感じて魂の底から喜べたら、心がちょっと豊かになったしるし。

ささやかなことにも喜ぶことができれば、あなたはもうついてる人です。

日常生活のなかで、できるだけ楽しいことを選んでやっていけば、楽しい扉が開けてきます。

悪い考え方をする人は、心にゴミを持っているから。そんなゴミは吐き出してしまえばいい

悪い考え方をする人は、心にゴミを持っているから。
心の中にいつもゴミを溜めておけば、いつも気持ちが悪い方向へと動いてしまいます。
それを自分の中に溜めておけばおくほど、重症になってしまいます。
そんなゴミは吐き出してしまえばいい。
気心の知れた人にあらかじめ断ってから、「グチを聞いてね」としゃべってしまうと
スッキリするでしょ。
心のゴミを認めて吐き出すんです。
次の段階にさっと進めるようになりますよ。

女性は強いんです。本当は強いということを、もっと意識したほうがいいですよ

本来、生物学的に女性は強いんです。
女性は弱いと思っている人が多いけど、それは勘違い。
もともと女性は強くできてるんです。
女性には柔軟性があります。
男性のように簡単にポッキリと崩れ落ちたりはしない。
だから、その強さをもっと出したほうがトクですよ。

ムリにつくった人脈なんかいらない。自然に親しくなっていた人だけでいい

ムリに人脈なんかつくるから、面倒になります。

ただの顔見知りなど、何千人いたって、なんにもなりません。それより大切な人間関係があります。

それはムリにつくった人脈なんかじゃない。

いつの間にか親しくなっていた人たちです。

本当に親しい人が困っていたら、駆けつけずにいられないでしょ？

なにかしようと思うでしょ？

喧嘩は売らない、買わないが一番。相手にならずにサッと離れればいいんです

喧嘩は売る人がいるから、買う人がいます。
それは商売と同じことなんです。
ほんとに喧嘩は売らない、買わないが一番いい。
いつまでも相手になっているからいけないんです。
自分のほうが正しいなんて主張するより、サッと踵を返して離ればいいんです。
腹が立つ相手には、くだらないことを言っているよりも、離れてしまいましょう。
離れて冷静になって、次の心の修行を考える。
私は、争いごとがきらいです。
また、困難なこともきらいです。
いちいち争いごとや困難に時間を使わないことです。

一緒にいるのがつらくなったら、離婚は困ったことではない。「結婚生活、ご卒業おめでとう」

離婚は困ったことでも、なんでもないんです。

一緒にいるのが我慢できないほどつらくなったらどうしようもないでしょ。

再出発しないと、人生にとってマイナスなんです。

結婚生活がたまらなくつらくなったということは、それを卒業したということだから、肯定的に考えましょう。

神さまは、「もう結婚生活をつづけなくてもいいよ」と教えてくれているのですから。

離婚は、次のステップへ行く目出たいことなんです。

「結婚生活、ご卒業おめでとう」

現在が幸せであれば、明日はもっとついていますよ

景気が悪いからといって、困ったことなんてないの。

なぜって、人間にとっても未来は必ず明るいものだから。

悲観的な暗い未来を予言する人がいても、未来は明るく輝いています。

石油がなくなったって、大丈夫。

もっと環境に優しいものが開発されるからです。

過去の歴史を振り返っても、世界中の国は過去よりも現在のほうがよくなっているでしょ。

日本だって、少し前まではいつも戦争していたし、今のように食べるものも充分なかった。

現在が幸せであれば、明日はもっとついていますよ。

どんどん忙しくなることを
喜ばなくちゃ

どんなに夢を語っても、人さまに役立つ夢や感謝される夢でなければかなわない

仕事など、人生の夢を語るのを聞いていて、
「この夢は絶対にかなわないな」
と感じることがあるんですね。
そんなときの夢って、必ず人さまに役立たない夢だから。
また、だれからも感謝されない夢だから。
そのような夢は、うまくいかないものなんです。
夢は、自分の懐だけを肥やそうとする利己主義のものであってはダメ。
自分勝手な夢は、他人から信用をなくしてしまいます。
そして、足下をすくわれますよ。

「三出せ」主義がツキを呼ぶ。お金を出さずに知恵を出す

「三出せ」主義がツキを呼びます。
①お金を出さずに知恵を出す。
②知恵がなければ、汗を出す。
③汗も出ないやつは追い出す。

ニコニコ笑顔で過ごすのも、明るく挨拶をするのも、知恵を出すのも、ぜんぜんお金がかからないものばかり。

できるだけお金をかけないで商売するのが、一番大事なんです。

投資に多くのお金をかけると、失敗したときのことが心配になります。

でも、お金をかけなければ、またやり直せばいいだけでしょ。もっと知恵を出せばいいだけです。

忙しい波動は、さらに忙しい波動を生んで、「あの店は売れている」という波動が広がり大人気がつづきます

元気いっぱい、キビキビ活動している人が集まったとき、その波動は倍加してどんどんその場は盛り上がります。

商売していれば、お店は活発で忙しくなっていきます。

それにつられるように、お客さんも途絶えることなくやってきます。

忙しい波動は、さらに忙しい波動を生んで、「あの店は売れている」という波動が広がり、大人気がつづきます。

忙しくやっているお店に、お客さんは引かれるんです。

ヒマだ、ヒマだとボヤくだけでは、ますますヒマな波動が広がって、お客さんに見向きもされなくなるのがオチ

暗い顔の店主がぽつり。お店自体にまったく活力が感じられないのは、ヒマな波動が充満しているから。

これだと、お客さんにも敬遠されます。

ヒマだ、ヒマだとボヤくだけでは、ますますヒマな波動が広がって、いずれお客さんに見向きもされなくなるのがオチ。

このヒマな波動が一番怖いことに気づかなければなりません。

売れない物の在庫は少しにして、売れる物を前面に目立つように出す。

明るい笑顔で店主自身が忙しそうにふるまう。

それでお店に元気を出すのです。

ヒマにしていちゃいけない。
自分の利用価値をどのくらい高められるか考えましょう。
利用価値をつければ、どんどん忙しくなるけど、
それを喜ばなくちゃダメです。

仕事は「やりたいこと」や「簡単にできること」から始めるほうがいい

仕事は、「やりたいこと」や「簡単にできること」から始めるほうがいい。

やりたくないことを、イヤイヤ、ムリしてやっているのでは、能率がちっとも上がりません。

好きなこと、やりたいこと、簡単なことからやっていけば乗ってきて、スムーズに勢いづいてきます。

すると、イヤな仕事もいつしかこなしているものです。

とくに、朝一番で仕事に取りかかるときには、そのほうがうまくいきます。

知らないことは人に聞く。人に素直に聞ける人の成長は早い

人間は恥をかきながら向上するものです。
だから、一度、恥をかいたら、次の手を考えるだけ。
それが次の段階へと導いてくれます。
知らないことは人に聞く。
人に素直に聞くことのできる人は、早く成長できます。
恥を心に刻めば刻むほど、人は見違えるように大きくなっていくんです。

あなたの天命さえわかれば、
あとはすべて運にまかせるだけ

仕事は命をかけて
やっているうちに
使命感が生まれてくるの。
使命感とは天から
授かったもの

仕事は本気にならないとダメ。

「この仕事、自分に合っていないんじゃないか」と探りを入れながらでは、いつまでやってもダメです。

仕事に命をかけなければ、天職かどうかはわからない。命をかけてやっているうちに、使命感が生まれてくるの。

そうなれば､もうクヨクヨすることもありません。悩むこともぜんぜんなくなります。

その使命感とは、天から授かったもの。

あなたの天命さえわかれば、あとはすべて運にまかせるだけ。

神さまは必ずあなたにツキを運んできてくれます。

仕事は笑顔で楽しくやらなきゃダメ。どんな仕事でも工夫で楽しくやれる

どうせ努力するなら、楽しくやったほうがいい。

商売するにしても、お金のことばかり考えていたら、結局そこで止まってしまう。

やっかいでどうしようもない仕事でも、それを楽しくやるにはどうすればいいか、いろいろと工夫してみるんです。

その仕事を楽しくやれるようになったら、その仕事はきっとうまくいきます。

仕事は、笑顔で楽しくやらなきゃダメです。楽しくなければ人生じゃないから。

仕事はゲーム感覚でやればいい。イヤな上司も、ゲームを楽しませてくれる存在になります

仕事はゲーム感覚でやればいい。

上司が「仕事が遅いぞ」とガミガミ言ったら、どうしたらもっと速くやれるか、タイムレコーダーをそばに置いて測ってみればいい。ゲームをしているんだと思えば、熱も入り、一回ごとに時間は短縮されるでしょ。

それが面白いから、また、もっと速くやろうと励みます。

すると、ガミガミ言っていた上司も、速さにびっくり。

仕事に邪魔が入るのを楽しめばいいんです。

ゲームに邪魔が入るから、さらに面白くなるでしょ？

イヤな上司は、あなたのゲームを楽しませてくれる存在なんです。

あなたが仕事を選ぶのじゃない。仕事があなたを選び、あなたを呼んでいる

あなたが仕事を選ぶのじゃない。

仕事があなたを選び、あなたを呼んでいるんです。

そのときどきに、あなたにとって必要だと思われる仕事に呼ばれているんです。

だから、淡々とその仕事をこなしていれば、気づかぬうちに自然に、ツキが回ってくるようになっています。

能力があるのに伸びない人は、全力を出し切っていないから

能力があるのに、なぜか伸びない人がいるでしょ。

それは、その人が自分の能力を出し切っていないから。

見る人が見たら、全力を出し切っている人とない人は、すぐにわかります。

全力を出すと損だと思っているなら、それは間違い。

人間って、底知れぬ力を秘めているものだから、一所懸命に力を出し切れば、きっとうまくいくのです。

中学しか出ていないし、学校でも成績が悪い生徒だった私が
成功者になれた理由は、
事業を成功させる方法を知っているから。
知恵を出しているから。
成功させる人生を送っているから。
そして、ついてるから。

仕事の「量」を増やすよりも、どうやったらもっと簡単にできるか「質」を見直すんです

一〇倍稼ごうと思ったら、一〇倍頑張ってはダメ。

今の仕事を一〇倍シンプルにやるにはどうすればいいかを考える。一番簡単な方法を探すんです。

これまで、いっぱい、いっぱいに仕事をしてきていれば、これ以上やろうとしても、さまざまな面でムリでしょ。

だから、仕事の「量」を増やすよりも、どうやったらもっと簡単にできるか「質」を見直すんです。

以前より一〇倍簡単な方法が見つかったとき、収入も一〇倍に増えますよ。

知恵で一万円を活かせなければ、銀行からお金を借りてはいけません

仕事をするには、知恵を出すことが必須です。たとえば、売上げを伸ばすためはどうすればいいか。

できるだけお金を使わないでやるしかないの。知恵をしぼり出せば、たとえ一万円でもかなりのことができるのです。一万円を一〇万円にできない人は、銀行からお金を借りてはいけません。知恵を活かして、一万円を二万円、三万円と確実に段階を踏んで増やしていくんです。段階を踏んで初めて、金額にふさわしい知恵が新たに生まれてきます。

まず、一万円を活かし切るだけの商人かどうかと、自問してみることです。

それができなければ、それ以上のお金を使ってもムダです。

物事を真剣に考え過ぎるから、深い溝に落ち込んでバランスを崩す

あんまり物事を真剣に考え過ぎると、ダメです。人間の体は魂と肉体とでできていますから、一途に考え過ぎると深い溝に落ち込んで、それら二つのバランスが崩れてしまいます。

一度落ち込むと、なかなか這い上がれないのが現状でしょう。

また、人間はお金がなければ生きていけないので、働かなくちゃいけない。仕事は大事なんです。

健康な身体を維持しながらお金を得るには、やっぱり楽しく仕事をする、面白く仕事をすることに限るんです。

失敗したら全部自分にはね返ってくる。そんな厳しさを持って仕事をしなくちゃ

なにか失敗をしでかしても、会社が後始末をやってくれると思ってはダメ。全部自分にはね返ってくるという厳しさを持って、仕事をしないと。

失敗して反省したり悩んだりするのは勝手なんだけど、そんなことなんかしなくていい。つまらない反省なんかしないほうがいいんです。

そんなヒマがあったら、次にどうするか、なにをしたらいいかを考えるほうが建設的。失敗の原因を探して落ち込んで、そこで止まってしまうのが一番いけないんです。

学歴をひけらかすような人はバカに見えるの。人の心を読めない人は、頭脳労働者じゃない

プロの頭脳労働者たちが闘っている仕事場で、学歴をひけらかすような人は、バカに見えるの。また、相手がイヤがることばかりする人がいますが、そんな人たちは、プロの世界では通用しません。

人の心を読めない人は、頭脳労働者じゃないね。人の心を読めないのは鈍感だからではなく、人に対する配慮がないだけです。

人の心を読むことは、仕事を通じての修行なんです。

商人はお客さんにえこひいきしてもらい、可愛がってもらってこそ繁盛まちがいなし

顧客に愛想の一つも言えず、しかめ面をして高飛車な態度をとっていたら、お店が繁盛するわけがないでしょ。

商人はとにかく、お客さんにひいきにしてもらい、可愛がってもらうのが一番大事なことなんです。

「あの店の店員さんが可愛いからまたあの店に行こう」とえこひいきしてもらえば、店は繁盛まちがいなし。

商人はお客さんにえこひいきしてもらってこそ、経営がうまくいくものなんです。

お客さんが喜ぶ情報を
提供する。
お客さんにどれだけ
喜んでもらえるか、
どれだけ
信用してもらえるか
なんです

努力してダメだったら、違う努力に切り替える。

「こんなに努力したのに、なぜダメだったんだろう」

と反省したり、悔やんでもしようがないこと。

さっと、頭を切り替えるんです。

たとえば、商人は商品を売ってなんぼの世界だけど、売上げだけにこだわってはいけません。

お金をいただかなくても、お客さんが喜ぶ情報を提供するんです。お客さんにどれだけ喜んでもらえるかです。

お客さんにどれだけ信用してもらえるかが大事なんです。お客さんとの信頼関係を築くことを、まっ先に考えないと、モノ余りの時代には商売が厳しくなってしまいます。

人に喜ばれる仕事を、
自分も楽しみながらやるんです

「ああするべき」とか「こうするべき」とか、「……べき」で仕事をするとちっとも楽しくない

「ああするべき」とか「こうするべき」とか、道徳論みたいなものを持ち出されたら、仕事はちっとも楽しくなくなっちゃいますよね。

もっと、自由な発想で動けるようでなくちゃ。

要は、人に喜ばれる仕事を、自分も楽しみながらやるんです。

「みんなが楽しめる方法はなんだろう」

と考えるんです。

これはラクに仕事をするのとは違います。

ラクな仕事で月給をもらうのは、寄生虫と同じ生き方。

二人分働いても、みんなが楽しくてしょうがないという職場がいい。二人分なんて働けないから、そのつもりでやりましょうということです。

商売とは、相手に得をさせること。この人から買うと間違いない、この人から買うと楽しいがカギ

売れることだけに焦点を当てていると、売れなくなるの。お客さんが喜んでくれた結果、商品を買っていただけるのであって、商売とは、相手に得をさせることなんです。

相手に得をさせると、また買っていただける。

得というと、値引きをすることと勘違いする人がいるけど、そうではありません。安ければいいというのは、商人としては怠慢です。

この人から買うと間違いない、この人から買うと楽しい。そう思ってくれるお客さまが、何度も買ってくれます。

自分の仕事が一番カッコいい。そのプライドが仕事を成功に導きます

人間の立ち場は、一人ひとり違います。

その立ち場を貫き通せるかどうかが、成功するかどうか、カッコよく生きられるかどうかの分岐点になります。

商人なら商人が一番カッコいいと思っていなければダメです。

農業をやっている人は、日本人の食を自分たちが担っていると自信を持ってやるんです。

大工さんには大工さんの誇りとする道があります。

それぞれ違う職種で働く人たちが、みんな自分の仕事が一番カッコいいというプライドを持って仕事をすれば、必ず成功します。

相手のいいところをマネして学ぶ。ライバル会社の悪口を言っていたら負け

ビジネスにおいて、相手の悪いところを探し出して悪口を言っているから、相手に負けてしまうんです。

なぜなら、相手のいいところをマネしようとしないから。

また、相手のいいところを学んで、自分の弱点を直そうという心がけがないから。

相手のよい点を認めて、マネるんです。

そのような姿勢を持てれば、勝利します。

これはサラリーマンも同じですよ。

ライバル会社の悪口を言っているようであれば負け。

相手のよい点を見習うようにしましょう。

あなたが頼まれた仕事は、神さまが用意してくれたもの。尻込みしていてはチャンスを逃しますよ

あなたが頼まれた仕事は、神さまがそれをやるようにと用意してくれたものです。それを楽しく、気分よくやっていれば、また次の仕事を頼まれる。それをまた、楽しく、気分よくやる。

そのうちに、あなたの得意、不得意がわかるようになります。自然に得意ジャンルがわかってきます。

そうなったら、どんどん頼まれた仕事をやっていく。

神さまがあなたを見込んで試しているのですから。

不安など抱いて尻込みしていてはダメ。

成功へのチャンスを逃してしまいますよ。

今やっている仕事を一生懸命にやれば、必ず、あなたの天職に出会います

天職とは、これをやるために生まれてきたという仕事、自分にぴったりした仕事のことです。

「自分の天職はどこにある？」

と、ただ漫然と探しているだけでは、見つかるものではないの。

だから、今やっている仕事を一生懸命にやる。

やっているうちに、必ず「これだ！」という天職に出会います。

天職は、あなたの中に埋まっているもの。

だから、自分で自分の鉱脈を掘り出すんです。

天職というのは、怠惰に過ごしていては絶対に発見できるものではありません。

あなたが仕事に打ち込んでいるうちにわかるものです。

計画は人間の力、「ひらめき」は神の力。最高のアイデアはその人の頭脳に詰め込まれた材料の質と量に比例する

最高のカクテルが、最高の材料の組み合せによってできるように、最高のアイデアはその人の頭脳に詰め込まれた材料の質と量に比例します。

頭の中に材料がなにもなければ、よいアイデアは生まれません。さまざまな材料をたくさん蓄えている人ほど、豊かなアイデアが生まれてくるもの。

計画は人間の力でできます。

でも、「ひらめき」は神の力なんです。

頭の中に材料がたくさんあればあるほど、ひらめきがどんどん湧いてきます。

それは、神さまがそのひらめきを導いてくれるから。

ひらめきを生むためには、読書をするのが一番です。

お金、健康な身体、優しい豊かな心 この三つが揃えばハッピー

お金だけで、人は幸せにはなりません。
お金さえあれば、幸せだと思うのは間違いです。
幸せを手に入れるには、次の三つが揃うことが必要です。
①お金
②健康な身体
③優しい豊かな心
幸せには、お金も必要だけど、健康で優しい豊かな心がなにより大事なんです。
お金がないと、ふたつだけ困ることがある。
お金がないと、イヤな人にも頭を下げなければならないこと。
愛する人を助けられないこと。

いつだって機嫌のいい人が
リーダーシップをとっていく

「運がない」と嘆くより人の倍ぐらい働いてごらん

だれにも運があります。

人間だれでも平等に今日から明日へと運ばれているのですから、「運がない」というのは違います。

運ばれているということ自体、運があるんですから。

ただ、運に勢いをつけることができるかできないかだけ。

「運がない」と嘆く前に、人の倍ぐらい働いてごらん。

今、やっている勉強でも仕事でも、これまでよりスピードをアップしてみるの。

時間短縮を心がけてみる。

難しいことを考えないで、自分がすぐできることから始めてみればいいんです。

どんなに実力をつけても、
努力しても、
運に勝つことはできません。
運は天が与えてくれるものだから。
天とケンカしても、人は天に勝つことはできないでしょ。

眉間には「第三の目」心の目がある。閉じていないかどうか確認してみてください

怒ってばかりいる人の眉間には、よく深いシワが刻まれているでしょ。

眉間に深いシワがあると、幸運を呼び寄せるために必要なものが、見えなくなってしまう。

なぜなら、目と目との間、つまり、眉間には「第三の目」があるからなんです。

この第三の目とは、心の目なんです。

心の目は、この世の中の大切なことを見抜く目。

なにが大事か大事でないかという、物事の本質を見極める目なんです。

眉間にシワが寄ると、第三の目は閉じてしまい、心の目が曇ってしまう。

怒りたくなったら、眉間を触ってみてください。

心の目が閉じていないかどうか確認することですね。

「人事を尽くして天命を待つ」のではなく、「天命にまかせて人事を尽くす」

未来は勝手に向こうからやってきます。

未来からやってくることは、必ず解決できること。

自分で解決できない問題などやってきません。

なぜって、神さまが、この問題をやってみなさいと言ってあなたに出しているんだから。

神さまの出題することは、なにもかも全部あなたが解決できる問題ばかりです。

だから、天命にまかせるんです。

「人事を尽くして天命を待つ」のではなく、

「天命にまかせて人事を尽くす」だけ。

人徳のある人は、いつもニコニコ笑顔。暗い顔の人には、なかなか運がつきません

暗い顔をしている人は、それを見ているだけで、こちらも暗い気持ちに落ち込んでいきます。

だから、暗い顔をしている人は、それだけで罪なんです。

昔の人はよく「人徳のある人になりなさい」と言いました。

人徳のある人とは、人の心を軽く、明るくする人のことなんです。そのような人を徳があると言います。

人徳のある人は、いつもニコニコ笑顔。

暗い顔の人には、なかなか運がつきません。

人徳のある人には、いいことばかり起きるから、やっぱり笑顔って大事ですね。

不愉快な顔をしていると、敵が増えてしまうんです。
敵はできるだけ増やさないことですね。
会う人みんなを敵に回すか、味方につけるかで、
人生の運が驚くほど変わってしまうんですよ。

機嫌を悪くするのは「悪」。人の機嫌をとらないで自分の機嫌をとるんです

なにもかもうまくいかない。
人間関係は最悪だし、体の調子も悪い。
そんな人はきっと、いつも人の機嫌をとっているはず。
人の機嫌をとったりしたらダメですよ。
人の機嫌をとらないで、自分の機嫌をとるんです。
人は人で勝手に機嫌を悪くしているだけなんですからね。
機嫌を悪くするのは「悪」なんです。
いつだって、機嫌のいい人がリーダーシップをとっていくんです。
「悪」に引きずられてはいけません。
ただ、あなたの都合でニコニコしていればいいだけ。

人の目方とはその人の総合点のこと。目方を増やす生き方をしよう

私はよく「素直な人はいい」と言います。なぜなら素直な人は、とても得をするから。でも、どんなにあなたが素直でも、周りにいる人がロクでもないと、あなたの素直さはなんにもなりません。周囲にいい人がいなければ、目方が増えないんです。

目方とは、その人の持っている総合点のこと。

①その人が本来持っている力。

②その人の性格。

③その人が呼び寄せる運。

これらが全部合計された総合点が目方なんです。

だから、どうしたら自分の目方を増やすことができるかを考えて、生きることが大切になるんですね。

願いごとを千回口に出せば、うまくいって運がついてきます

願いごとを千回声に出して言う。

すると、願いごとは必ずかなうから不思議。

「千」という数字には不思議な力が秘められています。

たとえば、「お百度参り」も一〇回繰り返すから、千回になるし、昔から千回実行すれば、神さまは力を貸してくれると言われています。

だから、願いごとを千回口に出せば、かならずうまくいって運がついてきます。

これが「千回の法則」です。

「やってやれないことはない。やらずにできるわけがない」と、声に出して千回言う

運をつかむ確実な方法があります。

それは、「やってやれないことはない。やらずにできるわけがない」と、声に出して千回言うことです。

すると、意識して声に出さなくても、勝手に口がひとりごとを言っているし、勝手に体が動き出します。

千回の法則は、無意識に勝手に動き出している状態にならないと、効果がありません。

勝手に動くようになったら、目の前の運をしっかりとつかんでいます。

素直だと実力がつきますよ。

運も実力のうちです。

次は、あなたが
「ありがとう」と言われる番です

今、幸せだと確信できてる人は、幸せグセがついているから、未来の運も大丈夫

過去のこと、つまり、済んでしまったことは変えられるものです。過去はすでに思い出です。思い出は自由に創作できますから、変えられるでしょ。

過去は、自分に都合よく勝手に変えてしまえるもの。

でも、未来は変えられません。

たとえば、あなたが今、幸せだと思っていたら、将来もずっと幸せです。今、幸せだと確信できている人は、もうすでに幸せグセがついているから変わらないの。

だから、未来の運もずっと変わりなく大丈夫。

働く仲間がお金を儲けられるのも、みんなでついてる運を呼び込んだから

私は、みんなにいろんなことを言うことはできるけど、本当はみんなに教えるなんてことはできないんです。

それどころか、私のほうがみんなからいろいろ教えてもらっていて、「間違ってた。そういうことだったんだ」は、いっぱいあります。

「ああしたら?」とか、「こうしてみたら?」というアドバイスはしますが、強制的に「そうすべきだ」とは言いません。

私は、師匠なんかじゃないんです。

でも、一緒に働いてくれる人たちは、億という単位のお金を儲けられるようになりました。

これも、ついてる運をみんなで呼び込んだからなんです。

「でも……」「でも、そう言われても……」と言う人は、わざわざ運を遠ざけています

バカバカしいことで悩むのをやめて、どんなことでも幸せに考えましょう。

不幸な人は「でも……」「でも、そう言われても……」と必ず言います。

そんなあなたは、わざわざ運を遠ざけています。

あなたが持っている全部の力を使って不運を招いているんです。

できないことを嘆くのは、もうやめましょう。
できなくたって、いいんです。
勉強ができなくたっていい。
運動ができなくたっていい。
あなたは、あなただけにできることがきっとあります。
できないことはやらなくていいこと。
なんにも向かないっていう人は、この世にいないんです。

自分のセンサーを研ぎすまして、磨きをかけておけば運がつく

運をつけるには、いつも自分のセンサーを研ぎすましまして、磨きをかけておかなければなりません。

その準備がなければ、幸運も見逃してしまいます。

センサーは、日常生活で出会うすべての状況に用意されているのです。

たとえば、人と会っているときでも、コンサートに行って、好きな音楽を聞いているときでもです。

新たな仕事に挑戦したいと考えているときは、特にセンサーを研いで、しっかり張り巡らしておきましょう。

あらゆるところにセンサーは潜んでいますから、

「これはチャンス！」

と直感したら、対応するのに手間取ってはダメです。

人生のターニングポイントとなる人との出会い、またよい仕事との遭遇には、それを可能にするセンサーの働きが、とても重要になるんです。

ついてる人は賭けごとに弱い

ついてるというと、すぐ賭けごとや、宝クジを連想する人が多いようですが、意外と、ついている人は賭けごとに弱いものです。

賭けごとの好きな人は、賭けごとに没頭してしまって本業に身が入らず、大成する人はほとんどいません。

私も賭けごとで家を建てたり、ビルを建てたという人を聞いたことがありません。

もし、自分は賭けごとに弱いという人がいたら、自分はついてる人間だと思って、喜んでくださいね。

掃除をしっかりやらないと、ツキは訪れない。今すぐに掃除して、すっきり！

掃除をしっかりやらないと、ツキは訪れないもの。

神さまは汚い場所が大嫌いだから。

もし、あなたがなにをやってもうまくいかなければ、「運が悪い」と嘆いているより、玄関の掃除をしましょう。

玄関に不要なものをどっさり積んでいませんか？

足の踏み場もないほど、ごちゃごちゃしていませんか？

床が汚れていませんか？

だったら、今すぐに掃除して、すっきりさせましょう。

天から運が降りてきますよ。

盛り塩をしておけば、浄化されて心も体もすっきり

玄関がきれいになったら、
邪魔にならない場所に
盛り塩をしておきましょう。
浄化されて心も体もすっきりします。
塩は天然のものがいいですね。

太陽からパワーをもらう。太陽に感謝をすれば、パワーがいっぱいあなたにみなぎる

太陽のパワーは非常に強いものです。

太陽のパワーをもらいましょう。

パワーが一番もらいやすいのは、朝の太陽が昇るときと、夕方沈むとき。

朝夕の太陽の光はまぶしすぎないからです。

パワーをもらう方法は、まず、太陽に向かって言います。

「いつも感謝しています。ありがとうございます」

あなたの感謝を太陽に送るとき、太陽のパワーがあなたの全身にサアッと入ってきます。

人生では、自分で出したものは自分に返ってくる。

あなたが太陽に感謝すれば、パワーがいっぱい

あなたに返ってきて、体中にみなぎって、
元気いっぱい。
パワーがつけば、運もつきます。

できる範囲内で人の役に立つことをしましょう。「ありがとう。感謝してます」と言われるように

「ありがとう。感謝してます」

と言っていると、運がついてきます。

でもそれだけでは、ただいただくだけの人生。

いただくだけの人生ではダメです。

今度は、あなたが人さまに、なにかをしてあげるの。

次は、あなたが「ありがとう」と言われる番なんです。

ほんのちょっとしたことでいい。あなたのできる範囲内で人さまの役に立つことをしましょう。

だれかから「ありがとう。感謝してます」と言われるような人になったら本物。

持ち帰ることのできるもの、
それは愛だけ

すべてを忘れて、霊的なことや宗教的なことにのめり込むのはよくない

霊的なことや宗教的なことにのめり込んでいる人がいますが、これはよくありません。

霊的現象と言って、不思議なことが起こるのを喜ぶのもいいけれど、生活の八割はしっかり仕事をするのが先。

まず、人生をしっかり歩むことから。

日常的なことをしっかりやるのが先決です。

あと残りの二割を不思議なことを楽しみながらやる。不思議なことに八割も頭が満杯というのは、まさに本末転倒ですね。

人間はこの世に修行のためにきて、修行が終わると魂だけが残る

✤✤✤✤✤✤✤✤✤✤✤✤✤✤✤✤✤✤✤✤✤✤✤✤✤✤

私たちは、この世に遊びにきているんです。
仕事をしながら、その遊びをやっているんです。
人間はこの世に修行のためにやってきて、修行が終わると分解してしまいます。
でも魂だけは残ります。
だから、今、ここ、
このときを生きるんです。

天国に持ち帰るものは、「自分は本当に幸せだった」という愛の記憶だけ

肉体がほろびて、魂のふるさとの天国に帰るときには、この世のお金なんか持ち帰ることはできないの。

魂のふるさとに持ち帰ることができるものは、この世で人に与えたものだけです。

持ち帰ることのできるもの、それは愛だけなんです。

愛を与えて、大切な人たちに囲まれて楽しく生きる。

「自分は本当に幸せだった」

そんな愛の記憶しか、あの世には持ち帰れないんです。

**物なんて、
本当はなにもないんです。
だから、あなたが
なにを大切にして
生きるかなんです**

世の中の物なんて、本当はなにもないんです。宇宙エネルギーが集まってできているだけだから。

だから、あなたがなにを大切にして生きるかなんです。

こんなこと信じない人もいっぱいいます。

別に、信じていただく必要もないんですよ。

神さまには感謝するだけ。いいことを一つ一つ、足していくだけ

神さまと言っても、別に宗教やっているわけじゃないんです。ただ、日々、楽しんで人に喜ばれることをしようとしているだけ。

だから、神さまに感謝する。

この大自然の中に生まれてきて、生かしてもらっていることへの感謝です。

拝むこともなんにもない。

感謝するだけなんです。

あとは私たち自身が、自分が最高だと思えるようになるために、いいことを一つ一つ足していくだけ。

神さまの手伝いをする人に、神さまは奇跡的なプレゼントをくださる

神さまは天国にいるけど、この世には神さまの手伝いをしている人がいます。

でも、これは宗教などとはまったく関係ないことなの。

ただ、自分の周囲の人に笑顔で感じのいい言葉、「天国言葉」を話すだけ。相手がどう思っていようと、

「きれいだね。楽しいね。幸せだね」

と口癖のように言う。たった、これだけのことです。

神さまの手伝いをする人には、神さまが素晴らしいプレゼントをくださいます。

それも想像を絶するような、奇跡的なプレゼントをです。

人さまのために働くことは、神さまの手伝いをしていること

人さまのために働くことが大事なんです。
世の中が喜ぶことをするんです。
それは神さまの手伝いをしていることだから。
すると、だんだん神さまに近づいていきます。
神さまに近いことをすれば、あなたの顔が
神さまのようになります。
あなたの中に神さまが住んでいるから。

人間はこの世になにかを学びにきている。自分がなにを学んでいるかがわかると人生はラクに生きられる

心の中には神さまがいるというのが、私の持論です。

「魂」という言い方を「神」に言い換えただけなんだけど。

人間は、この世になにかを学びにきているの。

なにを学びにきているかです。

魂が学びたがっているんです。

魂が経験したいんです。

経験して学びたがっているんです。

だから、自分がなにを学んでいるかがわかると、人生ってラクに生きられますよ。

魂のレベルを上げていくには、いつも幸せで、その幸せを人にも分けること

人間は生きている間ずっと学びつづけます。
そして、魂のレベルを上げていきます。
魂のレベルを上げるというのは、
「自分はいつでも幸せだ！」
と思える人間になることです。
今、置かれている場で幸せになり、自分の周りの人にも幸せのおすそ分けをする。
自分は幸せだということと、その幸せを人に分けるということ。
この二つが大切なことです。

成功したいと思ったら神さまの意思に従うこと

才能もセンスもすべて、神さまから与えられたもの。だから威張ったりしてはいけない

なにかができるという才能もセンスも、すべて神さまから与えられたものです。

だから威張ったりしてはいけない。

それらを神さまに与えてもらったことに感謝すべきなんです。

人間はとかく人より優れたものを持ったり、手柄になるようなことをしたりすると、自分の力で成就したと思って、ごうまんになりがちです。

でも、ごうまんになったとき、人生のツキはなくなります。

生きているこの世は、物質の世界、三次元の世界です。
この世での願いをかなえるには、行動しなければなりません。
ただし、イヤイヤする努力は長続きしないので結局はダメです。
だからこそ、楽しみながら行動するんです。

この世には「宇宙の法則」がある。それは神さまがつくったルール。そのルールに従って行動する

成功したいと思ったら、神さまの意思に従うことなんです。

この世には「宇宙の法則」があります。それは、絶対的な存在を意味します。

つまり、すべてがこの法則に従って動いているということで、その絶対的存在を私は神さまと呼んでいます。

「宇宙の法則」は、神さまがつくったルールですから、人はみなそのルールに従えば、成功することができるようになっています。

そのルールとは、自分も楽しみ、周りの人にも喜ばれることです。

神さまがつくったルールと異なる行動をするとき、人は不幸になります。

そして、死んでから帰るあの世は、魂の世界、想念の世界です。

そこでは、願いごとは全部かなえられます。

大自然は神さまの創造物。大自然に逆らってはいけません。逆らう愚かな行動で、さまざまな天災が起こる

人間は、神さまがつくったものの中で生かしてもらっているだけです。
大自然は、神さまの創造物。
人間がそれに逆らう愚かな行動をしたとき、さまざまな天災が起こります。
天災は神さまの仕業ではありません。
人間の愚かさが、しでかした結果なのです。

魂は、あの世にいる間に、現世でどう生きるかを自分で決めています

人間は死んで、その魂は仲間がたくさん待っているふるさとへと帰ります。

そしてまた、新しい肉体を持って、この世に戻ってきます。

この世とあの世との違いは、肉体があるかないかだけ。

私たちの魂は、あの世にいる間に、現世でどう生きるかを自分で決めているんです。

だから、この世の出来事はすべて偶然ではないの。

あの世でちゃんと青写真を描いてきたんです。

通常、前世のことを忘れて生まれてくるのは、現世の修行のさまたげになるからです。

いずれにしても、しっかり生きて、しっかり死ぬことが大事なんですね。

命をいただいて生きているのに、不平不満を言ってはバチがあたります

科学がどれほど発達しても、生きているものは作れません。
生物はすべて神さまから、命というものをもらって生きているんです。
分け御霊《みたま》と言います。
命《いのち》は、命《みこと》なのです。
動物、植物すべてが命《いのち》です。
おにぎり一つだって、ごはん粒一個ずつが命《みこと》の塊なの。
生きとし生けるものすべて、生きているものしか食べられないでしょ。
だから、私たちは命をもらって生きているんです。
命をいただいて生きているのに、不平不満を言ってはバチがあたります。
だから、グチを言わずに、感謝して生きましょう。

神さまは、あなたを困らせようとは決してしません。
ただ、ちょっと方法が「間違ってますよ」と伝えてくれるだけ。
その神さまの導きの声に、気づくかどうかです。
神さまの声に気づけば、困ったことは起こりません。
人は困っているのではなくて、学んでいるんです。
困ってから学んでも遅くはありません。

いいことだけに感謝するのではなく、先祖に感謝、神さまに感謝、あなたの周囲にいる人や物すべてに感謝

感謝は特別にいいことだけにするものではなくて、今、あなたにあるものすべてに感謝するんです。

五体満足であれば感謝。
五体満足でなくても感謝。
感謝のない人は、なにをやってもうまくいきません。
先祖に感謝、神さまに感謝。
あなたの周囲にいる人や物などすべてに感謝です。
感謝をすれば、あなたに光が与えられます。
自分にとっていいことだけに感謝する人には、光が届かないし、光を受けられません。

みんな幸せになるために
生まれてきたんです

心の中に御柱を立てて生きる人は、使命感を持って生きられる

心の中に「御柱《おんばしら》」を立てましょう。

御柱の原義は、「天の御柱《あめのみはしら》」です。

その意味は、天《てん》の柱を立てるということで、そこに神さまが降りてくると言われています。

私たちの日常生活で心の中に「御柱《おんばしら》」を立てるとは、自分のやっていることに使命感を持ちなさいということです。

たとえば、お店で皿洗いを仕事としている人なら、お客さまの健康のために、少しでも洗剤が残らないように、手間をかけてもきれいに洗い流そうと心がけること。

自動車部品を造っている仕事なら、自分がその車を守っているのだと自覚して、人命を守ろうと努力すること。

そのようなことが使命感です。
心の御柱を立てるということなんです。
自分の心の中に御柱を立てて生きている人には、
なぜかいいことばかりが起きます。
いいことが起きないという人は、
心の御柱が立っていないからなんです。

使われていない潜在意識を開発していけば、魂がどんどん成長していきますよ

人間の脳には使われていない意識、潜在意識があります。私たちが使っている意識は約一～二パーセントしかなく、残りのほとんどは脳の中で眠っているそうです。その潜在意識を開発して活用すれば、もっとできることはたくさんあります。

たとえば、これまで自分だけ幸せだったらいいと考えていたなら、ちょっと角度を変えてみるんです。人を幸せにするには、どうしたらいいかなあって。

そうすれば、簡単に答えは出てくるでしょ。

たとえば、相手の立ち場になって考え、思いやりを持って接すること。相手が喜ぶことを言い、行動すること。そんなことが自然にできるようになることなんです。

一朝一夕《ちょういっせき》にできなくても、少しずつその意識を開発していけば、魂がどんどん成長していきますよ。

心や魂は傷つくものではない。考え方に傷がついているだけ

よく、「心が傷つく」とか「魂に傷がついた」とか言いますね。でも、心や魂は傷つくものじゃありません。

なぜって、人間は「神さまの分け御霊」をいただいているから。それは愛と光の魂なんです。

その愛と光こそ、私たちの生命体です。

だから、愛も光も絶対に傷がつかないようになっている。

それは考え方に傷がついているの。

心や魂には傷はつかないんです。

あくまで考え方なんです。

神社にある鏡をのぞくと神さまが見えてきます

神社にある鏡をのぞくと、神さまが見えます。
そこに映っているのが、神さまです。
自分の顔が映っているはずです。
「かがみ」という言葉の真ん中に「が」がありますよね。
自分の我を取ったとき、「かみ」となり、神さまが見えてきます。

私たちは前世でやりとげられなかった修行を、現世でやっているだけです

魂のレベルで、いろいろ考えてみると悩みが消えます。
人間は何度も生まれ変わります。
生まれ変わって、少しずつ魂を向上させていきます。
その修行のために、この世に生まれ出ているのですから。
私たちは生まれる前にあの世で、すでに自ら親を選択しているの。
どの親が一番、魂の修行がしやすいかとね。
前世でやりとげることのできなかった修行を、現世でやっているだけなんです。

魂は上へ行こうとするものです。魂が一歩グレードアップしたら、周囲のことは解決します

魂は、ただ上へ行こう、上へ行こうとするものなんです。

自分の魂を、普通よりも一歩グレードアップさせたい、そう思っている人がほとんどでしょう。

魂が一個グレードアップしたら、あなたの周囲のことはすべて解決してしまいます。

そのためには、マイナス要因を含んでいる言葉は言わないことなんです。

「楽しく生きようね」「仲良くしようね」「信じてるよ」などは、グレードアップさせる言葉です。

神社はお礼だけをしに行くところ。感謝の言葉を言いに行く場

疲れてしまったら、近くの神社に行きましょう。

でも、「なんとかしてください」とお願いするだけではダメ。なぜなら、神社はお礼だけをしに行くところです。感謝の言葉を言いに行く場なんです。

「無事に生きていられるのは、神さまのおかげです」

と言って手を合わせる。

感謝の言葉を口に出すんです。

そうすれば、疲れも取れて、元気がもらえる。

それだけではなく、必ずいいことが起こります。

ダマされたと思ってやってみてください。

感謝をしたくなることが次々に起きてきます。

占いは、いい方向へと導いてあげるもの。おどかしたり、説教したりは占いでありません

いろいろな占いがあります。

占いは相談相手をすべて、いい方向へと導いてあげるものです。

人をおどかしたり、注意したり、説教したりするのが占いではありません。

「必ずあなたはいい方向へ行きますよ」

と、心の明りを灯してあげるのが占いです。

そうすれば、人間は明るい気持ちで次の一歩を踏み出せます。

占いは、心の光を他の人にも分け与えることであって、その心の光とは愛であり思いやりなんです。

人をおどかしたり、不安がらせたりするところには、行かない方がいいと思いますよ。

現世で魂の修行ができなかったら、来世でやればいいんです

親子、兄弟姉妹の関係が難しいのは、縁が強いから。
現世では仲が悪い兄弟が、前世では親子だったかもしれません。
この関係は逃げられない、修行の中でももっとも大事な修行なんです。
だから、すべて魂の修行だと考えれば、あまり悩まなくてもいいのです。
もし、この世でできなかったら、来世に持ち越せばいいし、来世でやればいいんです。
あまりムリをしてはいけないの。

みんな神さまの愛と光でできている。だからみんなが観音菩薩。観音さまとして生きれば幸せ

人間はみな、神さまの愛と光でできています。

だから、みんなが観音菩薩です。

みんな幸せになるために生まれてきたんです。

自分が観音さまだと、気づいていない人が多いから、そんな人たちに観音さまとして生きることの素晴らしさを教えてあげる。

それが最高の神さまのお手伝いですね。

結果、奇跡のようなツキがその人たちにも起きてきます。

観音さまを天使と言いかえてもいいですよ。

観音さまは自分の代わりに愛を形にしてくれる人の願いごとを、しっかりかなえてくれます

観音さまは愛に満ちているけれど、ご自分ではその愛を表現できません。

困っている人を、実際に自分の手を差し伸べて救うことができません。

では、だれが救うのでしょう?

それは人間が救うんです。

世の中には、観音さまの化身と言われている人がたくさんいます。

そのような人々は、観音さまの代わりとなって人間を救っています。

観音さまの代わりは、心の澄んだ、優しい人たち。

そして、観音さまは自分の代わりとして愛を形にしてくれる人たちの願いごとを、しっかりかなえてくれます。

ひとりさんとお弟子さんたちのブログについて

斎藤一人オフィシャルブログ
（一人さんご本人がやっているブログです）
https://ameblo.jp/saitou-hitori-official

お弟子さんたちのブログ

柴村恵美子さんのブログ
https://ameblo.jp/tuiteru-emiko/

舛岡はなゑさんのブログ
【ふとどきふらちな女神さま】
https://ameblo.jp/tsuki-4978/
銀座まるかん オフィスはなゑのブログ
https://ameblo.jp/hitori-myoudai-hana/

みっちゃん先生ブログ
http://mitchansensei.jugem.jp/

宮本真由美さんのブログ
https://ameblo.jp/mm4900/

千葉純一さんのブログ
https://ameblo.jp/chiba4900/

遠藤忠夫さんのブログ
https://ameblo.jp/ukon-azuki/

宇野信行さんのブログ
https://ameblo.jp/nobuyuki4499

高津りえさんのブログ
http://blog.rie-hikari.com/

おがちゃんのブログ
https://ameblo.jp/mukarayu-ogata/

４９《よく》なる参りのすすめ

４９なる参りとは、指定した４カ所を９回お参りすることです。お参りできる時間は朝10時から夕方５時までです。

◎１カ所目……ひとりさんファンクラブ　五社参り

◎２カ所目……たかつりえカウンセリングルーム　千手観音参り

◎３カ所目……オフィスはなゑ　七福神参り

◎４カ所目……新小岩香取神社と玉垣参り
（玉垣とは神社の周りの垣のことです）

ひとりさんファンクラブで４９なる参りのカードと地図を無料でもらえます。お参りすると１カ所につきハンコを１つ押してもらえます（無料）。

※新小岩香取神社ではハンコはご用意していませんので、お参りが終わったらひとりさんファンクラブで「ひとり」のハンコを押してもらってくださいね!!

ひとりさんファンクラブ

住　所：〒124-0024　東京都葛飾区新小岩 1-54-5
ルミエール商店街アーケード内

営　業：朝10時～夜7時まで。
年中無休電話：03-3654-4949

各地のひとりさんスポット

ひとりさん観音：瑞宝山　総林寺

住　所：北海道河東郡上士幌町字上士幌東4線247番地

電　話：01564-2-2523

ついてる鳥居：最上三十三観音第二番　山寺千手院

住　所：山形県山形市大字山寺4753

電　話：023-695-2845

観音様までの楽しいマップ

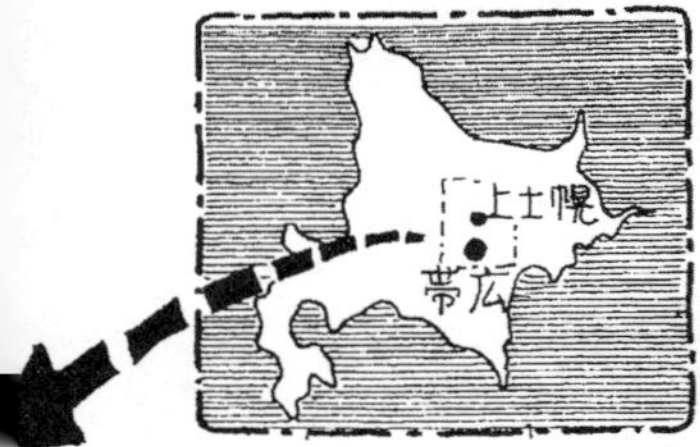

①愛国↔幸福駅

『愛の国から幸福へ』この切符を手にすると幸せを手にするといわれスゴイ人気です。ここでとれるじゃがいも野菜・etcは幸せを呼ぶ食物かも！特にとうもろこしのとれる季節には、もぎたてをその場で茹でて売っていることもあり、あまりのおいしさに幸せを感じちゃいます。

②十勝ワイン（池田駅）

ひとりさんは、ワイン通といわれています
そのひとりさんが大好きな十勝ワインを売っている十勝ワイン城があります
★十勝はあずきが有名で『赤い宝石』と呼ばれています。

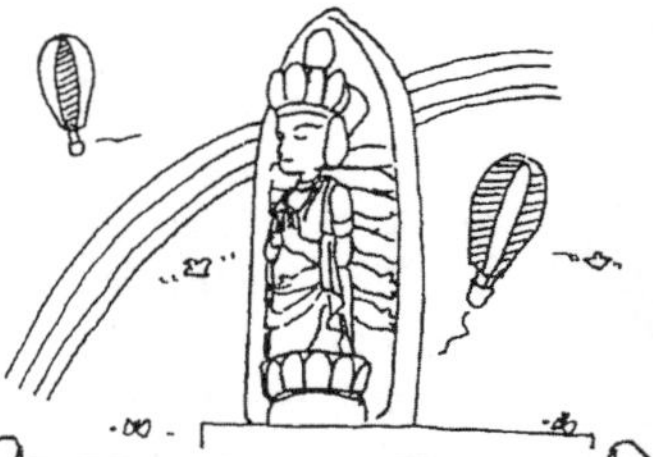

★観音様

ひとりさんの寄付により、夜になるとライトアップして、観音様がオレンジ色に浮かびあがり、幻想的です。

この観音様は、一人さんの弟子の1人である柴村恵美子さんが建立しました。

③上士幌

上士幌町は柴村恵美子が生まれた町。そしてバルーンの町で有名です。8月上旬になると、全国からバルーンミストが大集合。様々な競技に腕を競い合います。体験試乗もできます。ひとりさんが安全に楽しく気球に乗れるようにと願いを込めて観音様の手に気球をのせています。

④ナイタイ高原

ナイタイ高原は、日本一広く大きい牧場です。牛や馬、そして羊もたくさんいちゃうのヨ。そこから見渡す景色は雄大で感動!!の一言です。ひとりさんも好きなこの場所は行ってみる価置あり。

牧場の一番てっぺんにはロッジがあります（レストラン有）。そこで、ジンギスカン焼肉・バーベキューをしながらビールを飲むとオイシイヨ！とってもハッピーになれちゃいます。それにソフトクリームがメチャオイシイ。2ケはいけちゃいますヨ。

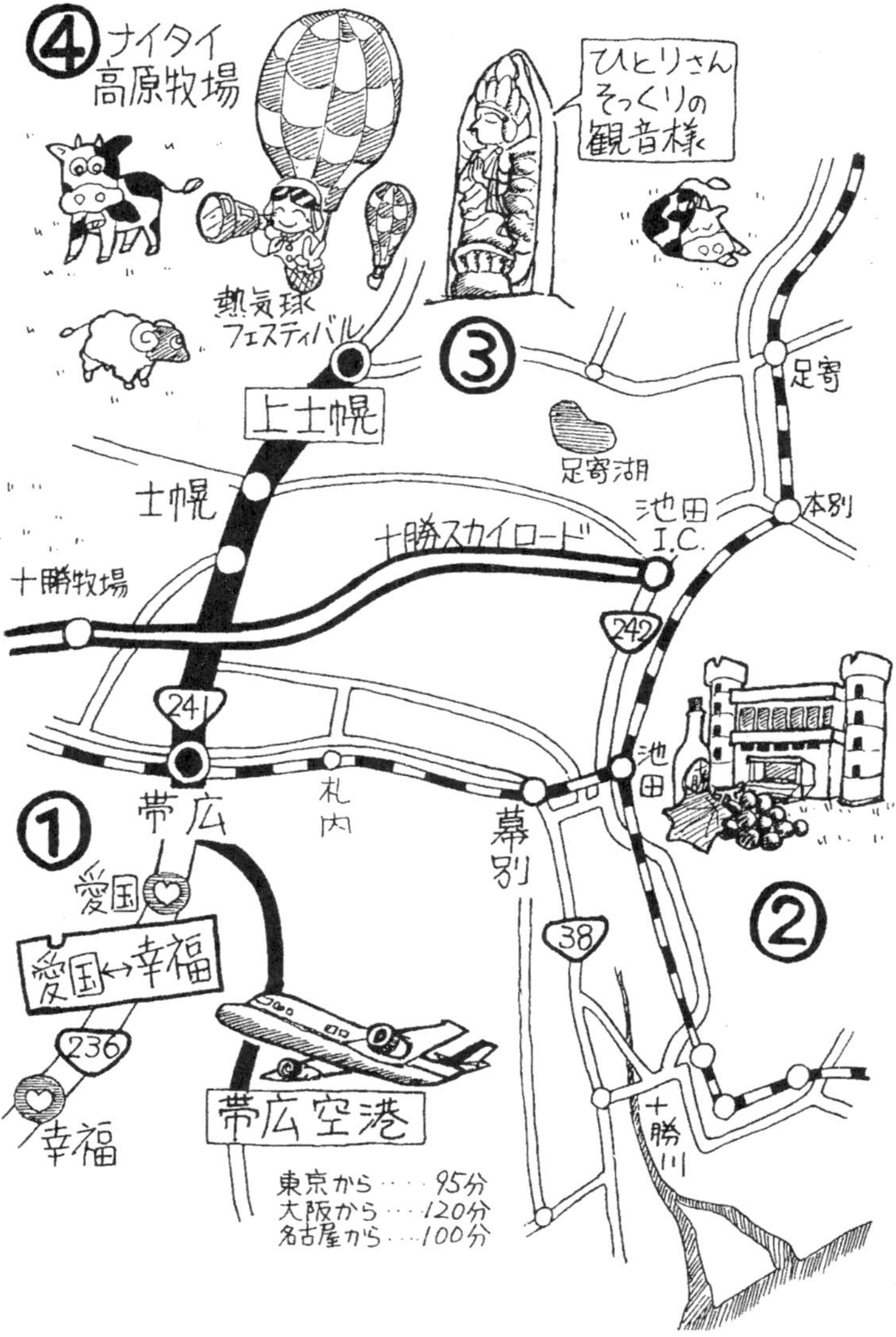

④ナイタイ高原牧場
熱気球フェスティバル
ひとりさんそっくりの観音様
③
上士幌
足寄
足寄湖
士幌
池田I.C.
本別
十勝スカイロード
十勝牧場
242
241
帯広
札内
幕別
池田
①
愛国
愛国↔幸福
236
幸福
帯広空港
38
②
十勝川
東京から……95分
大阪から……120分
名古屋から……100分

斎藤一人さんのプロフィール

東京都生まれ。実業家・著述家。ダイエット食品「スリムドカン」などのヒット商品で知られる化粧品・健康食品会社「銀座まるかん」の創設者。1993年以来、全国高額納税者番付12年間連続6位以内にランクインし、2003年には日本一になる。土地売買や株式公開などによる高額納税者が多い中、事業所得だけで多額の納税をしている人物として注目を集めた。高額納税者の発表が取りやめになった今でも、着実に業績を上げている。また、著述家としても「心の楽しさと経済的豊かさを両立させる」ための本を多数出版している。『変な人の書いた世の中のしくみ』『眼力』（ともにサンマーク出版)、『強運』『人生に成功したい人が読む本』（ともにPHP研究所)、『幸せの道』（ロングセラーズ）など著書は多数。

1993年分――第4位	1999年分――第5位
1994年分――第5位	2000年分――第5位
1995年分――第3位	2001年分――第6位
1996年分――第3位	2002年分――第2位
1997年分――第1位	2003年分――第1位
1998年分――第3位	2004年分――第4位

〈編集部注〉

読者の皆さまから、「一人さんの手がけた商品を取り扱いたいが、どこに資料請求していいかわかりません」という問合せが多数寄せられていますので、以下の資料請求先をお知らせしておきます。

フリーダイヤル 0120-497-285

本書は平成二二年一〇月に弊社で出版した書籍を改訂したものです。

最新版
斎藤一人
ツキを呼ぶセラピー

著　者　　斎藤一人
発行者　　真船美保子
発行所　　KK ロングセラーズ
東京都新宿区高田馬場 2-1-2　〒 169-0075
電話 (03) 3204-5161(代)　振替 00120-7-145737
http://www.kklong.co.jp

印　刷　　大日本印刷(株)
製　本　　(株)難波製本
落丁・乱丁はお取り替えいたします。
※定価と発行日はカバーに表示してあります。

ISBN978-4-8454-5073-2　C0230　　Printed In Japan 2018